Botanica

BY

ANNETTE JUNGMANN

Pflanzen die lange bleiben

Flowers that never wither

Plantes fidèles

TISCHDECKE

80046

Tablecloth, Nappe, Mantelito, Tovaglia,
Tafellaken, Asztalterítő,
90 × 90 cm / 35 × 35 in, Seite / Page 104

TISCHBAND

80046

Table band, Ruban de table,
Cinta de mesa, Nastro di tavolo, Tafelband, Hosszú napron
29 × 155 cm / 11 × 61 in, Seite / Page 106

Blumengalerie

Flower Gallery

Galerie botanique

WANDBILDER

80044 · 80062

Wall hanging, Tenture, Tapiz, Arazzo, Wandtapijt, Fali dísz
20 × 43 cm / 8 × 17 in
Seite / Page 74

Bild, Picture, Tableau, Cuadro, Quadro, Beeld, Kép,
Ø 15,5 cm / Ø 6 in, Seite / Page 70

Lavender love

Douce lavande

WANDBEHANG

80058

Wall hanging, Tenture, Tapiz, Arazzo,
Wandtapijt, Fali dísz,
20 × 44 cm / 8 × 17 in, Seite / Page 76

Floral dreams

TISCHDECKE

80054

Tablecloth, Nappe, Mantelito, Tovaglia,
Tafellaken, Asztalterítő,
90 × 90 cm / 35 × 35 in, Seite / Page 63 – 65

TISCHDECKE

80054

Tablecloth, Nappe, Mantelito, Tovaglia,
Tafellaken, Asztalterítő,
90 × 90 cm / 35 × 35 in, Seite / Page 63 – 65

Schönheit der Natur

The beauty of nature

Beauté de la nature

WANDBEHANG

80049

Wall hanging, Tenture, Tapiz, Arazzo, Wandtapijt, Fali dísz, 20 × 40 cm / 8 × 16 in

Seite / Page 88

TISCHBAND

80050

Table band, Ruban de table,
Cinta de mesa, Nastro di tavolo,
Tafelband, Hosszú napron
57 × 150 cm / 22 × 59 in
Seite, Page 78

TISCHDECKE

80045

Tablecloth, Nappe, Mantelito, Tovaglia,
Tafellaken, Asztalterítő,
90 × 90 cm / 35 × 35 in, Seite / Page 96

TISCHBAND

80045

Table band, Ruban de table, Cinta de mesa,
Nastro di tavolo, Tafelband, Hosszú napron
29 × 155 cm / 11 × 61 in, Seite / Page 92

Gruss aus dem Wald

Greetings from the forests

La forêt vous salue

ANHÄNGER

80039 · 80036 · 80037

Hanger, Décoration à suspendre,
Colgantes articolo, Decorativo da
appendere, Hangers, Függő
Ø 7 cm / 3 in, 6 × 8 cm / 2 × 3 in
Seite / Page 81

TISCHDECKE

80048

Tablecloth, Nappe, Mantelito, Tovaglia,
Tafellaken, Asztalterítő,
90 × 90 cm / 35 × 35 in, Seite / Page 102

WANDBILDER

80042 · 80064

Wall hanging, Tenture, Tapiz, Arazzo, Wandtapijt, Fali dísz,
20 × 38 cm / 8 × 16 in
20 × 24 cm / 8 × 9 in
Seite / Page 98 / 82

Hol' dir die Natur ins Haus

Bring the nature into your home

Un peu de nature sous ton toit

WANDBILD

80063

Picture, Tableau, Cuadro, Quadro, Beeld, Kép
Ø 15,5 cm / Ø 6 in, Seite / Page 71

ROSA CA

In voller Blüte

In full bloom

En pleine floraison

ROSA CANINA

TISCHDECKE

80051

Tablecloth, Nappe, Mantelito, Tovaglia,
Tafellaken, Asztalterítő,
90 × 90 cm / 35 × 35 in, Seite / Page 90

80043
20 × 34 cm / 8 × 14 in
Seite / Page 94

80061
20 × 40 cm / 8 × 16 in
Seite / Page 86

WANDBILDER

Wall hanging, Tenture,
Tapiz, Arazzo,
Wandtapijt, Fali dísz

80059
20 × 32 cm / 8 × 13 in
Seite / Page 84

Pflanzenfaszination

The fascination of plants

Fascination plantes

BILDER

80041 · 80040

Picture, Tableau, Cuadro, Quadro, Beeld, Kép
13 × 21 cm / 5 × 8 in, Seite / Page 83 / 100

Immergrün

Evergreen

...qui ne fânent pas

GESCHIRRTÜCHER

80052 · 80053

Teacloth, Torchon, Paño de cocina,
Canovaccio, Keukendoek, Konyharuha
50 × 75 cm / 20 × 30 in
Seite / Page 80 / 72

Im Einklang mit der Natur

In harmony with nature

En harmonie avec la nature

ANHÄNGER
80038

Hanger, Décoration à suspendre,
Colgantes articolo,
Decorativo da appendere, Hangers, Függő
6 × 8 cm / 2 × 3 in, Seite, Page 81

Kakteen ohne Stacheln

Cacti without thorns

Cactus qui ne piquent pas

GESCHIRRTUCH

80055

Teacloth, Torchon, Paño de cocina, Canovaccio, Keukendoek, Konyharuha

50 × 75 cm / 20 × 30 in, Seite / Page 66

BON APP

Have a good meal

Bitte zu Tisch

Bon appétit

GESCHIRRTUCH

80056

Teacloth, Torchon, Paño de cocina,
Canovaccio, Keukendoek, Konyharuha,
50 × 75 cm / 20 × 30 in, Seite / Page 73

BON APPÉTI

Es grünt so grün

Flourishing green

Vert vert vert...

GESCHIRRTUCH

80057

Teacloth, Torchon, Paño de cocina, Canovaccio, Keukendoek, Konyharuha
50 × 75 cm / 20 × 30 in
Seite, Page 68

KREUZSTICH ZÄHLMUSTER

CROSS STITCH CHART

DIAGRAMME POINT DE CROIX

Kleine Stickschule

EMBROIDERY INSTRUCTIONS / PETITES LEÇONS DE BRODERIE / PEQUENA ESCUELA DE BORDAR / GUIDA DI RICAMO BORDUURTECHNIEKEN / HÍMZÉSI UTASÍTÁSOK

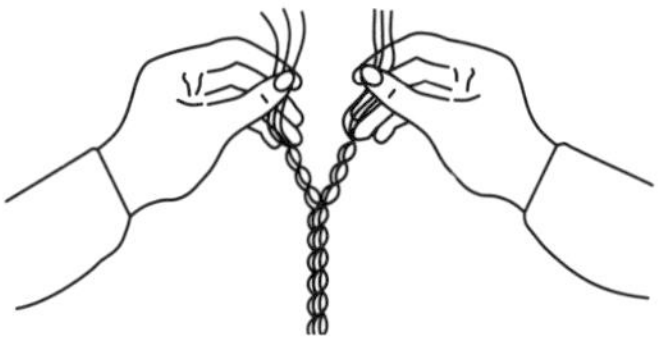

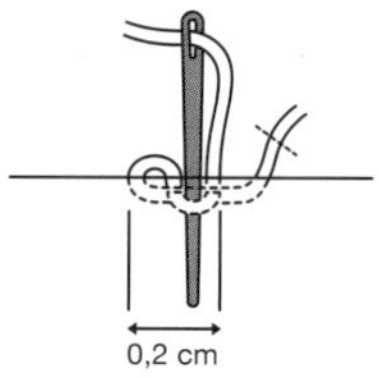

D 3-fädig sticken: Beachten Sie diesen Hinweis nicht, wird das Stickgarn nicht ausreichen. Die Stickerei sollte in einem Stickrahmen ausgeführt werden.

GB Embroider with 3 strands of thread. If you do not follow this instruction, you will not have enough thread to complete your work. Use a hoop for embroidery.

F Broder avec 3 brins : si vous ne suivez pas cette recommandation, vous n'aurez pas assez de fil à broder. Il est conseillé de tendre l'ouvrage à broder sur un cadre.

E Bordar con 3 hilos: Si no se observa esta indicación el hilo de bordar no será suficiente. Les recomendamos bordar con un bastidor.

I Ricamare con 3 fili. In caso contrario il filo non è sufficiente. Ricamare con un telaio da ricamo.

NL U borduurt met gesplitst garen n.l. 3 draadjes: Borduren in een borduurringis aan te bevelen, zeker bij voorgetekende motiefen.

H Az osztott hímző 3 ágával hímez-zen. Ha nem követi az utasítást, akkor nem lesz elegendő az előírt fonalmennyiség. Használjon hímzőkeretet.

D Den Befestigungsstich fest anziehen und den überstehenden Restfaden abschneiden.

GB Starting and finishing: Pull the stitch tightly to secure and cut off the end ofthread remaining on the right side.

F Point d'arrêt : Bien serrer le point d'arrêt et couper le fil dépassant.

E Punto de fijación: Sujetar el punto de fijación sólidamente y cortar el hilo sobrante.

I Punto di fissaggio: Tirare il punto e tagliareil filo sporgente.

NL Vastzetten van het garen: De steek goed aantrekken en garenrest wegknippen.

H Kezdés és befejezés: A megerősítő öltést húzza meg erősen, és a színoldalon megmaradó fonalvéget vágja le.

D Sticktwist und Garnverbrauch ist in ganzen Metern angegeben.

GB Amount of thread required in metres.

F Fournitures métrage.

E Hilo de bordar y cantidades indicadas enmadejas metros.

I Occorrente di filato da ricamo a metri.

NL Benodigd garen in meters.

H A szükséges mennyiség méterben megadva.

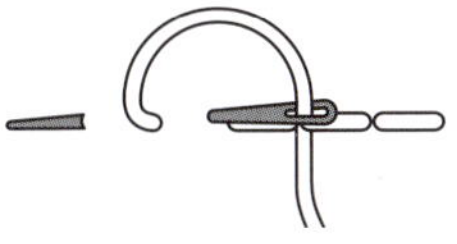

D Steppstich
GB Back stitch
F Point arrière
E Pespunte
I Trapunto
NL Stiksteek
H Visszaöltés

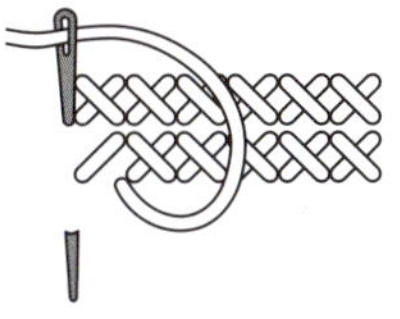

D Kreuzstich
GB Cross stitch
F Point de croix
E Punto de cruz
I Punto croce
NL Kruissteek
H Keresztszemes hímzés

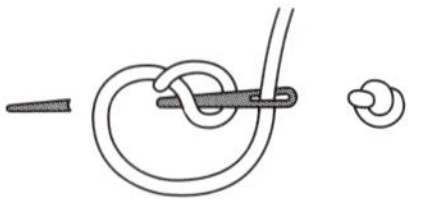

D Knötchenstich
GB French knot
F Point de noeud
E Punto de nudos
I Punto nodini
NL Knoopjessteek
H Francia csomó

✂

D Stoffzuschnitt
GB Fabric piece
F Coupe de tissu
E Recorte de tela
I Taglio stoffa
NL Geknipte stof
H Anyag szabása

*

D Konturen / Steppstich
GB Outlines / Back stitch
F Contours / Point arrière
E Contornos / Pespunte
I Contorni / Trapunto
NL Omlijningen / Stiksteek
H Kontúrok / Visszaöltés

▲

D Stickbeginn
GB Start of embroidery
F Début de la broderie
E Comienzo del bordado
I Inizio del ricamo
NL Borduurbegin
H Hímzéskezdés

+

D Motivmitte / Stickbeginn
GB Centre of design / Start of embroidery
F Centre du motif / Début de la broderie
E Centro del motivo / Comienzo del bordado
I Centro del motivo / Inizio del ricamo
NL Midden van het motie / Borduurbegin
H A minta közep / Hímzéskezdés

DESIGN 80054

Tischdecke, Tablecloth, Nappe, Mantelito, Tovaglia, Tafellaken, Asztalterítő

90 × 90 CM / 35 × 35 IN

NO. 16239.50.21

D 2-fädig sticken. *Metallic mit ganzem Faden sticken.

GB Stitch using 2 strands of embroidery thread. *Stitch using whole metallic thread.

F A broder avec 2 brins. *Métallisé broder avec fil complet.

E Bordar con 2 hilos. *Metallic, bordar con todo el hilo.

I Ricamare con 2 fili. *Metallico ricamare con filo intero.

NL Met 2 draadjes splijtgaren borduren. *Metallic met de hele draad borduren.

H Az osztott hímző 2 ágával hímezzünk. *Fémes egész szállal hímezze.

	184	4 M
	185	7 M
	186	16 M
	188	12 M
	213	5 M
	220	4 M
	215	3 M
	051	14 M
	034	11 M
	053	3 M
	042	2 M
	228	3 M
Metallic *	921	34 M

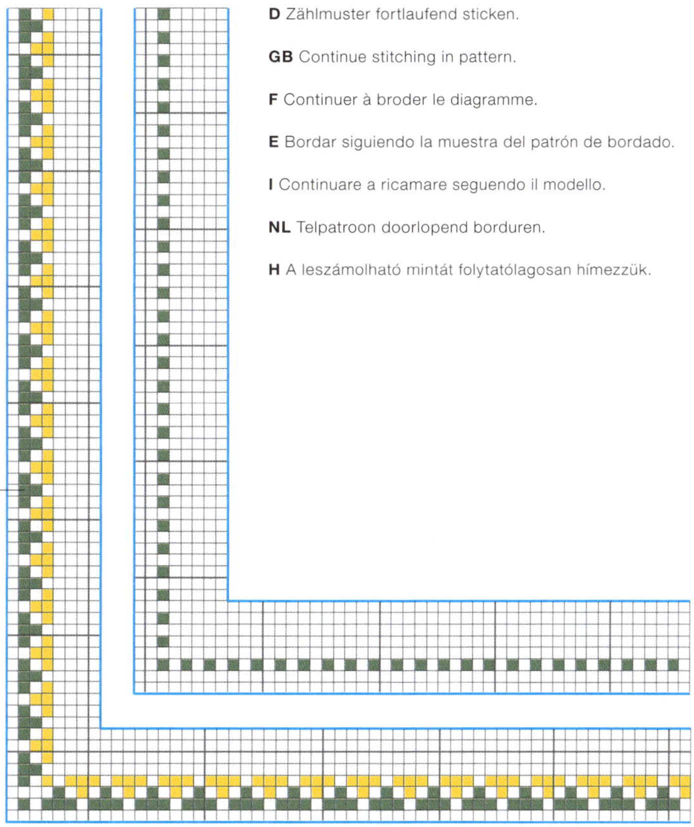

D Zählmuster fortlaufend sticken.

GB Continue stitching in pattern.

F Continuer à broder le diagramme.

E Bordar siguiendo la muestra del patrón de bordado.

I Continuare a ricamare seguendo il modello.

NL Telpatroon doorlopend borduren.

H A leszámolható mintát folytatólagosan hímezzük.

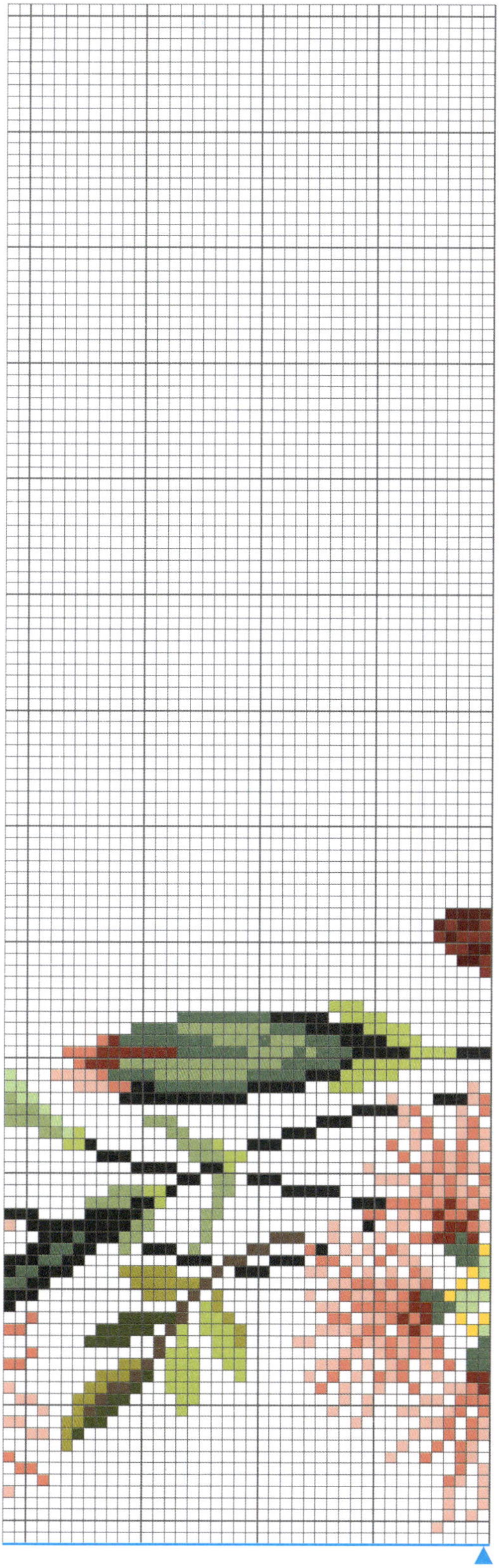

DESIGN 80054
Tischdecke, Tablecloth, Nappe, Mantelito, Tovaglia, Tafellaken, Asztalterítő

90 × 90 CM / 35 × 35 IN

NO. 16239.50.21

184	4 M
185	7 M
186	16 M
188	12 M
213	5 M
220	4 M
215	3 M
051	14 M
034	11 M
053	3 M
042	2 M
228	3 M

Metallic

921	34 M

DESIGN 80055
Geschirrtuch, Teacloth, Torchon, Paño de cocina, Canovaccio, Keukendoek, Konyharuha

50 × 75 CM / 20 × 30 IN

NO. 16263.50.62

D 3-fädig sticken. *Konturen 1-fädig sticken.

GB Stitch using 3 strands of embroidery thread. *Outlines stitch using 1 strand of embroidery thread.

F A broder avec 3 brins. *Contours a broder avec 1 brin.

E Bordar con 3 hilos. *Contornos bordar con 1 hilo.

I Ricamare con 3 fili. *Contorni ricamare con 1 filo.

NL Met 3 draadjes splijtgaren borduren. *Omlijningen met 1 draadje splijtgaren borduren.

H Az osztott hímző 3 ágával hímezzünk. *Kontúrok az osztott hímző 1 ágával hímezzünk.

	208	2 M
	212	5 M
	220	3 M
	173	3 M
	170	3 M
	172	4 M
	188	3 M
*	296	3 M
	194	3 M
	185	3 M
	186	4 M
	034	2 M

DESIGN 80057
Geschirrtuch, Teacloth, Torchon, Paño de cocina, Canovaccio, Keukendoek, Konyharuha

50 × 75 CM / 20 × 30 IN

NO. 16256.50.62

D 3-fädig sticken. *Konturen 1-fädig sticken.

GB Stitch using 3 strands of embroidery thread. *Outlines stitch using 1 strand of embroidery thread.

F A broder avec 3 brins. *Contours a broder avec 1 brin.

E Bordar con 3 hilos. *Contornos bordar con 1 hilo.

I Ricamare con 3 fili. *Contorni ricamare con 1 filo.

NL Met 3 draadjes splijtgaren borduren. *Omlijningen met 1 draadje splijtgaren borduren.

H Az osztott hímző 3 ágával hímezzünk. *Kontúrok az osztott hímző 1 ágával hímezzünk.

	001	7 M
	252	3 M
	264	4 M
	265	2 M
	094	1 M
	208	3 M
	185	4 M
	186	5 M
	188	4 M
	212	3 M
	220	3 M
*	296	5 M

DESIGN 80062
Bild, Picture, Tableau, Cuadro, Quadro, Beeld, Kép

Ø 15,5 CM / Ø 6 IN

NO. 17582.20.44
✂ 20 × 20 CM / 8 × 8 IN

NO. 95218.00.00

D 2-fädig über 2 Gewebefäden sticken. *Konturen 1-fädig sticken.

GB Stitch over 2 threads, using 2 strands of embroidery thread. *Outlines stitch using 1 strand of embroidery thread.

F A broder sur 2 fils de trame, avec 2 brins de mouliné. *Contours a broder avec 1 brin.

E Bordar con 2 hilos sobre 2 hilos de tela. *Contornos bordar con 1 hilo.

I Ricamare con 2 fili su 2 fili del tessuto. *Contorni ricamare con 1 filo.

NL Met 2 draadjes splijtgaren over 2 weefseldraden borduren. *Omlijningen met 1 draadje splijtgaren borduren.

H A szöveten 2 szál egy keresztöltés, az osztott hímzö 2 ágával hímezzünk. *Kontúrok az osztott hímző 1 ágával hímezzünk.

	002	3 M
	235	1 M
	185	2 M
	186	2 M
	187	2 M
	090	2 M
	095	1 M
	102	1 M
	112	1 M
*	104	3 M
*	296	1 M

A DESIGN 80063
Bild, Picture, Tableau, Cuadro, Quadro, Beeld, Kép

Ø 15,5 CM / Ø 6 IN

NO. 17582.20.14
✂ 20 × 25 CM / 8 × 10 IN

NO. 95218.00.00

D 2-fädig über 2 Gewebefäden sticken.

GB Stitch over 2 threads, using 2 strands of embroidery thread.

F A broder sur 2 fils de trame, avec 2 brins de mouliné.

E Bordar con 2 hilos sobre 2 hilos de tela.

I Ricamare con 2 fili su 2 fili del tessuto.

NL Met 2 draadjes splijtgaren over 2 weefseldraden borduren.

H A szöveten 2 szál egy keresztöltés, az osztott hímzö 2 ágával hímezzünk.

	002	1 M
	020	1 M
	021	1 M
	206	1 M
	177	3 M
	120	1 M
	286	1 M
	228	1 M
	229	1 M
	296	1 M

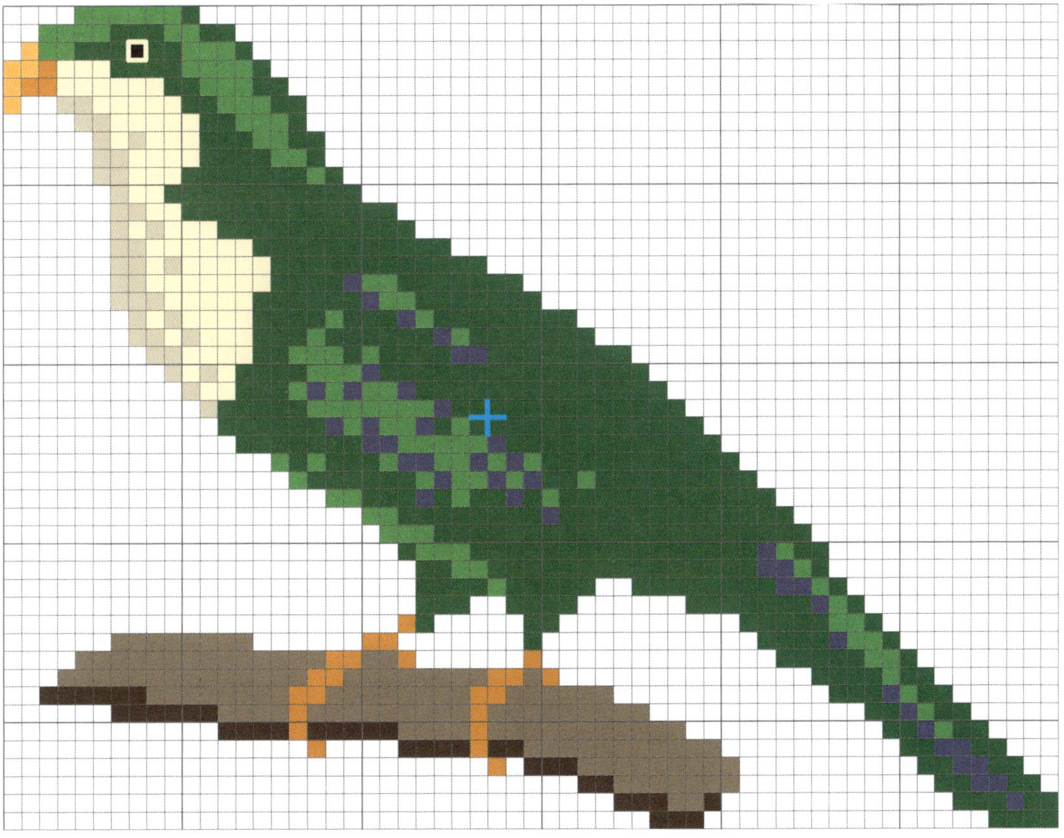

DESIGN 80053
Geschirrtuch, Teacloth, Torchon, Paño de cocina, Canovaccio, Keukendoek, Konyharuha

50 × 75 CM / 20 × 30 IN

NO. 16169.50.62

D 3-fädig sticken. ▲ Stickbeginn: 8 cm von der unteren Kante.

GB Stitch using 3 strands of embroidery thread. ▲ Start stitching: 3 in from the bottom edge.

F A broder avec 3 brins. ▲ Début de la broderie : 8 cm à partir du bas.

E Bordar con 3 hilos. ▲ Inicio del bordado: 8 cm desde el borde inferior.

I Ricamare con 3 fili. ▲ Inizio del ricamo: a 8 cm dall'angolo inferiore.

NL Met 3 draadjes splijtgaren borduren. ▲ Borduurbegin: 8 cm voor de onderste rand.

H Az osztott hímző 3 ágával hímezzünk. ▲ Hímzés-kezdés: 8 cm-re az alsó széltől.

	208	5 M
	213	5 M
	220	2 M
	215	2 M
	217	2 M
	228	2 M

DESIGN 80056
Geschirrtuch, Teacloth, Torchon, Paño de cocina, Canovaccio, Keukendoek, Konyharuha

50 × 75 CM / 20 × 30 IN

NO. 16256.50.62
✂ 50 × 75 CM / 20 × 30 IN

D 3-fädig sticken. *Konturen 2-fädig sticken.

GB Stitch using 3 strands of embroidery thread. *Outlines stitch using 2 strands of embroidery thread.

F A broder avec 3 brins. *Contours a broder avec 2 brins.

E Bordar con 3 hilos. *Contornos bordar con 2 hilos.

I Ricamare con 3 fili. *Contorni ricamare con 2 fili.

NL Met 3 draadjes splijtgaren borduren. *Omlijningen met 2 draadjes splijtgaren borduren.

H Az osztott hímző 3 ágával hímezzünk. *Kontúrok az osztott hímző 2 ágával hímezzünk.

*	001	9 M
	296	23 M

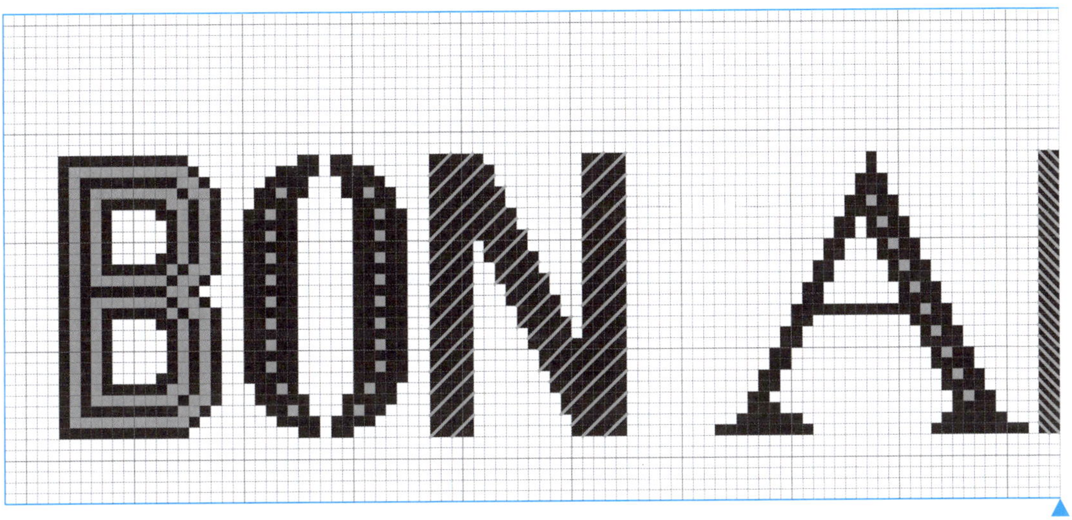

DESIGN 80044
Wandbehang, Wall hanging, Tenture, Tapiz, Arazzo, Wandtapijt, Fali dísz

20 × 35 CM / 8 × 14 IN

NO. 17582.20.04
✂ 20 × 37 CM / 8 × 16 IN

NO. 95239.00.01

DESIGN 80044
Wandbehang, Wall hanging, Tenture, Tapiz, Arazzo, Wandtapijt, Fali dísz

20 × 35 CM / 8 × 14 IN

NO. 17582.20.14
✂ 20 × 37 CM / 8 × 16 IN

NO. 95239.00.01

DESIGN 80044
Wandbehang, Wall hanging, Tenture, Tapiz, Arazzo, Wandtapijt, Fali dísz

20 × 35 CM / 8 × 14 IN

NO. 17582.20.44
✂ 20 × 37 CM / 8 × 16 IN

NO. 95239.00.01

D 2-fädig über 2 Gewebefäden sticken.

GB Stitch over 2 threads, using 2 strands of embroidery thread.

F A broder sur 2 fils de trame, avec 2 brins de mouliné.

E Bordar con 2 hilos sobre 2 hilos de tela.

I Ricamare con 2 fili su 2 fili del tessuto.

NL Met 2 draadjes splijtgaren over 2 weefseldraden borduren.

H A szöveten 2 szál egy keresztöltés, az osztott hímzö 2 ágával hímezzünk.

■	296	26 M

DESIGN 80058
Wandbehang, Wall hanging, Tenture, Tapiz, Arazzo, Wandtapijt, Fali dísz

20 × 44 CM / 8 × 17 IN

NO. 17582.20.04
✂ 20 × 46 CM / 8 × 18 IN

NO. 95239.00.01

D 2-fädig über 2 Gewebefäden sticken. *Konturen 1-fädig sticken.

GB Stitch over 2 threads, using 2 strands of embroidery thread. *Use 1 strand for back stitch.

F A broder sur 2 fils de trame, avec 2 brins de mouliné. *Contours avec 1 brin.

E Bordar con 2 hilos sobre 2 hilos de tela. *Contornos con 1 hilo.

I Ricamare con 2 fili su 2 fili del tessuto. *Contorni con 1 filo.

NL Met 2 draadjes splijtgaren over 2 weefseldraden borduren. *Stiksteken met 1 draadje.

H A szöveten 2 szál egy keresztöltés, az osztott hímzö 2 ágával hímezzünk. *Kontúrok 1 rétegben.

	002	4 M
	235	2 M
	252	3 M
	264	2 M
	265	2 M
	266	2 M
	047	1 M
	093	1 M
	094	1 M
	096	1 M
	194	3 M
	185	4 M
	186	4 M
	187	3 M
	253	3 M
	254	2 M
	250	3 M
	283	2 M
*	296	2 M

DESIGN 80050
Tischband, Table band, Ruban de table, Cinta de mesa, Nastro di tavolo, Tafelband, Hosszú napron

57 × 150 CM / 22 × 59 IN

NO. 16196.50.18

D 2-fädig sticken. *Konturen 1-fädig sticken.

GB Stitch using 2 strands of embroidery thread. *Outlines stitch using 1 strand of embroidery thread.

F A broder avec 2 brins. *Contours a broder avec 1 brin.

E Bordar con 2 hilos. *Contornos bordar con 1 hilo.

I Ricamare con 2 fili. *Contorni ricamare con 1 filo.

NL Met 2 draadjes splijtgaren borduren. *Omlijningen met 1 draadje splijtgaren borduren.

H Az osztott hímző 2 ágával hímezzünk. *Kontúrok az osztott hímző 1 ágával hímezzünk.

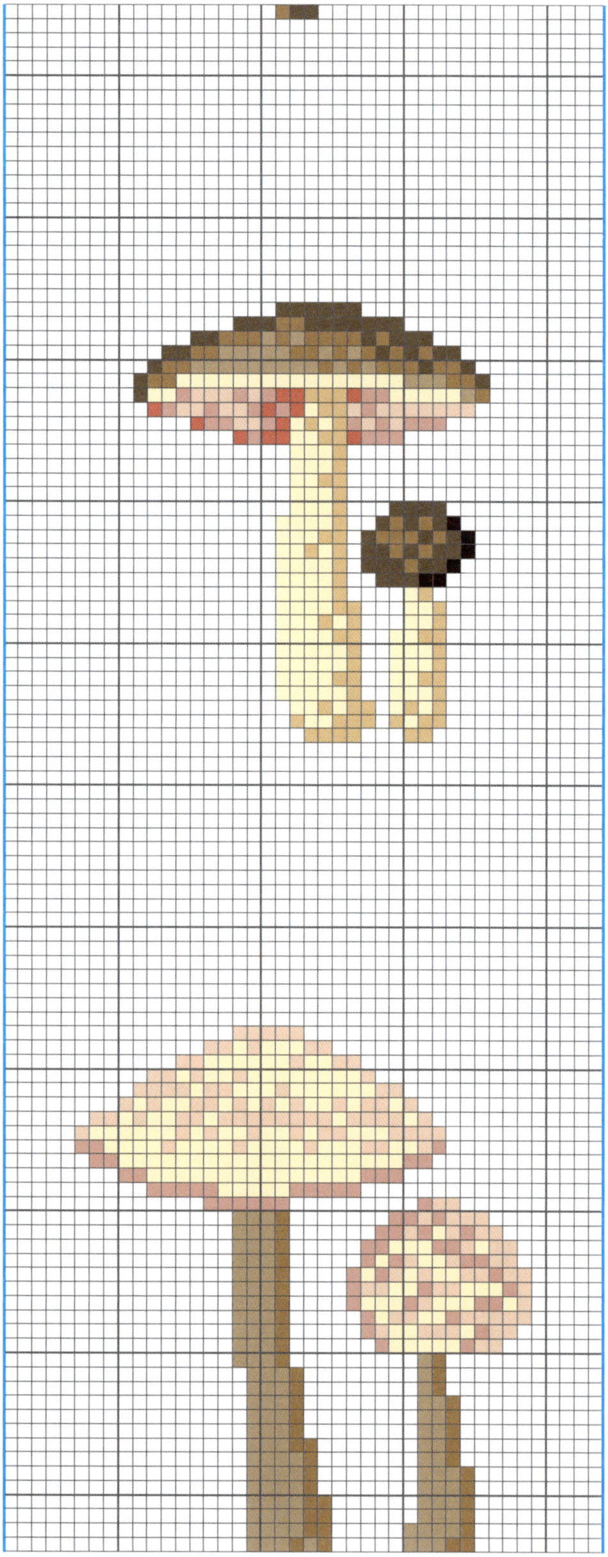

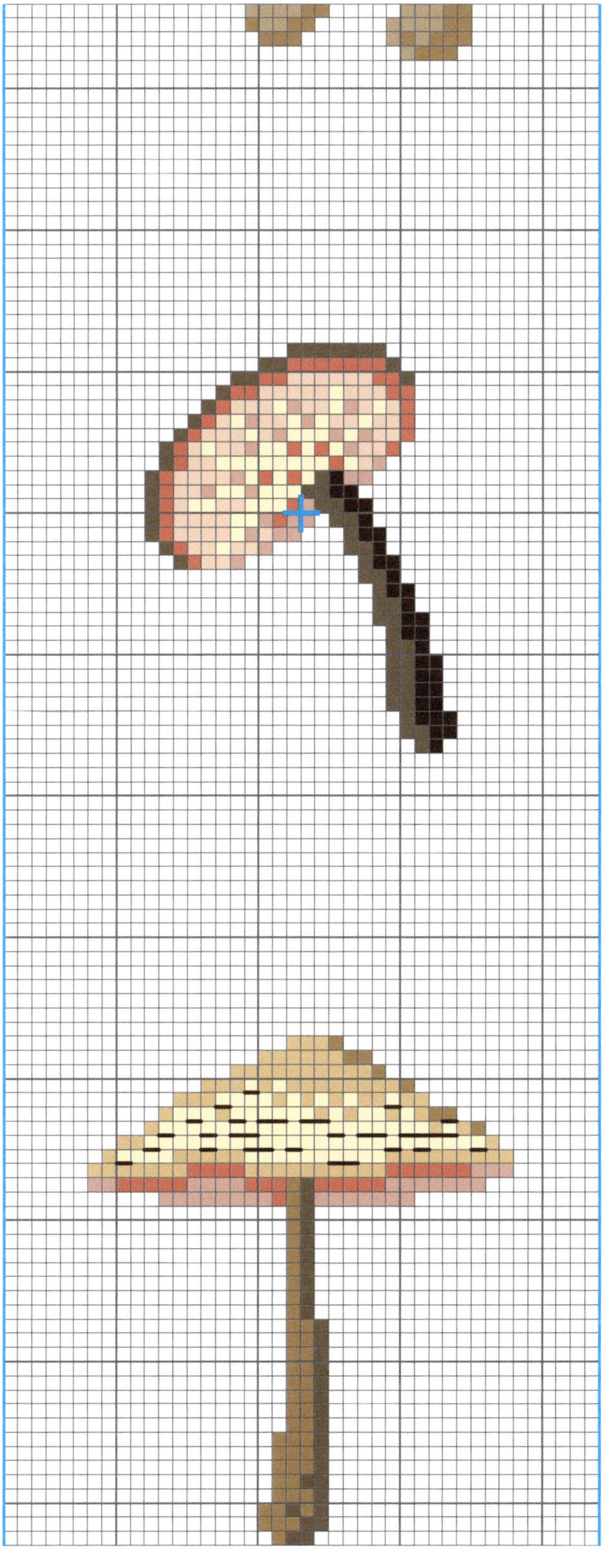

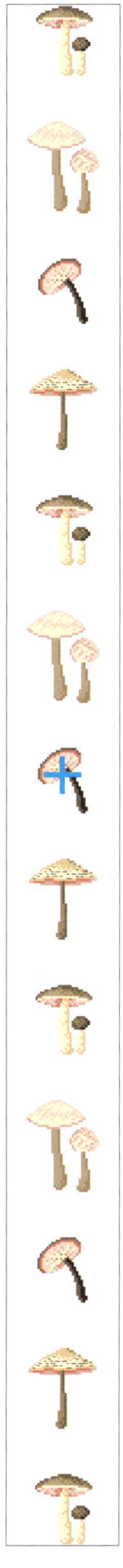

	002	7 M
	246	4 M
	264	4 M
	265	3 M
	230	4 M
	227	4 M
	228	4 M
	229	4 M
*	281	2 M

DESIGN 80052
Geschirrtuch, Teacloth, Torchon, Paño de cocina, Canovaccio, Keukendoek, Konyharuha

50 × 75 CM / 20 × 30 IN

NO. 16170.50.62

D 3-fädig sticken. *Konturen 1-fädig sticken.

GB Stitch using 3 strands of embroidery thread. *Outlines stitch using 1 strand of embroidery thread.

F A broder avec 3 brins. *Contours a broder avec 1 brin.

E Bordar con 3 hilos. *Contornos bordar con 1 hilo.

I Ricamare con 3 fili. *Contorni ricamare con 1 filo.

NL Met 3 draadjes splijtgaren borduren. *Omlijningen met 1 draadje splijtgaren borduren.

H Az osztott hímző 3 ágával hímezzünk. *Kontúrok az osztott hímző 1 ágával hímezzünk.

	002	5 M
	246	4 M
	264	3 M
	265	2 M
	230	3 M
	227	3 M
	228	3 M
	229	3 M
*	281	2 M

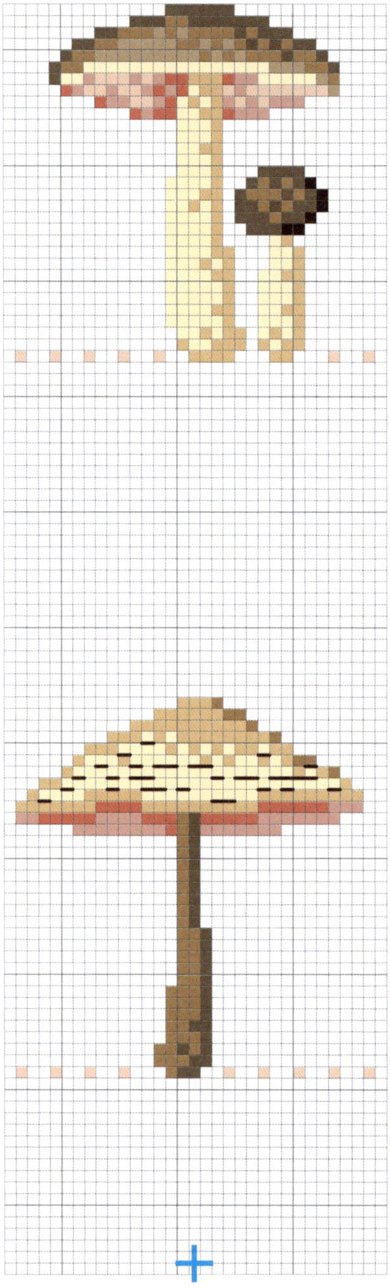

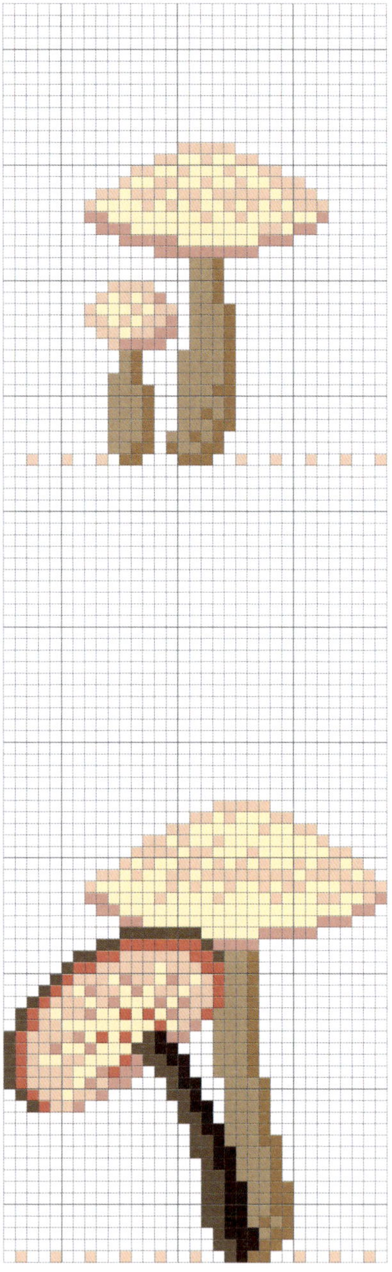

DESIGN 80039
Anhänger, Hanger, Décoration à suspendre, Colgantes articolo, Decorativo da appendere, Hangers, Függő

6 × 8 CM / 2 × 3 IN

NO. 03532.00.00

182	7 M
041	3 M
183	3 M
188	2 M
282	1 M

DESIGN 80036
Anhänger, Hanger, Décoration à suspendre, Colgantes articolo, Decorativo da appendere, Hangers, Függő

6 × 8 CM / 2 × 3 IN

NO. 03532.00.00

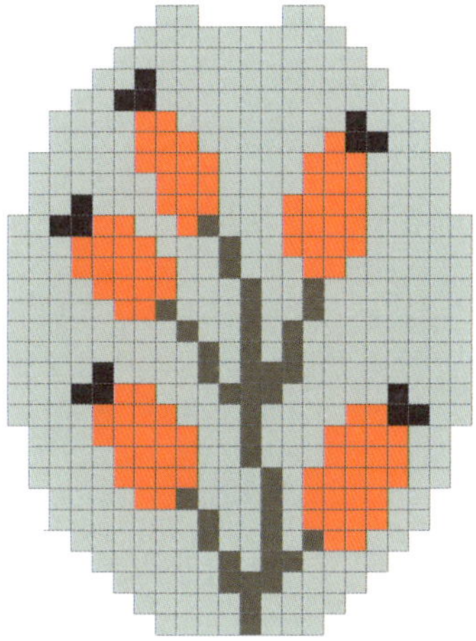

182	7 M
034	3 M
229	2 M
282	1 M

DESIGN 80037
Anhänger, Hanger, Décoration à suspendre, Colgantes articolo, Decorativo da appendere, Hangers, Függő

Ø 7 CM / Ø 3 IN

NO. 03531.00.00

182	7 M
053	3 M
183	3 M
188	1 M
282	1 M

DESIGN 80038
Anhänger, Hanger, Décoration à suspendre, Colgantes articolo, Decorativo da appendere, Hangers, Függő

6 × 8 CM / 2 × 3 IN

NO. 03532.00.00

002	3 M
264	1 M
265	1 M
182	5 M
230	2 M
227	1 M
228	1 M
229	1 M

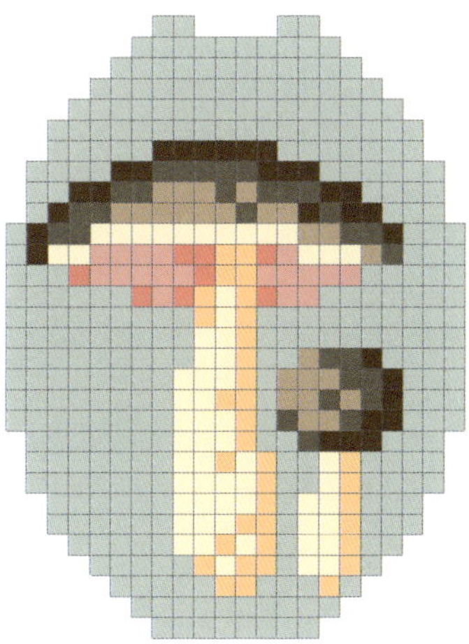

D 3-fädig sticken.

GB Stitch using 3 strands of embroidery thread.

F A broder avec 3 brins.

E Bordar con 3 hilos.

I Ricamare con 3 fili. Metallico ricamare con filo intero.

NL Met 3 draadjes splijtgaren borduren.

H Az osztott hímző 3 ágával hímezzünk.

DESIGN 80064
Wandbehang, Wall hanging, Tenture, Tapiz, Arazzo, Wandtapijt, Fali dísz

20 × 24 CM / 8 × 9 IN

NO. 17582.20.03
✂ 20 × 26 CM / 8 × 10 IN

NO. 95239.00.01

	262	3 M
	265	3 M
	212	4 M
	213	3 M
	186	4 M
	187	4 M
	188	3 M
	296	7 M
Metallic		
	921	23 M

D 2-fädig über 2 Gewebefäden sticken. Metallic mit ganzem Faden sticken.

GB Stitch over 2 threads, using 2 strands of embroidery thread. Stitch using whole metallic thread.

F A broder sur 2 fils de trame, avec 2 brins de mouliné. Métallisé, broder avec fil complet.

E Bordar con 2 hilos sobre 2 hilos de tela. Metallic, bordar con todo el hilo.

I Ricamare con 2 fili su 2 fili del tessuto. Metallico ricamare con filo intero.

NL Met 2 draadjes splijtgaren over 2 weefseldraden borduren. Metallic met de hele draad borduren.

H A szöveten 2 szál egy keresztöltés, az osztott hímzö 2 ágával hímezzünk. Fémes egész szállal hímezze.

DESIGN 80041
Bild, Picture, Tableau, Cuadro, Quadro, Beeld, Kép

13 × 21 CM / 5 × 8 IN

NO. 17469.15.97
✂ 28 × 30 CM / 11 × 12 IN

NO. 95238.00.00

	208	3 M
	213	3 M
	220	2 M
	215	2 M
	207	2 M
	188	2 M
	228	2 M
Metallic		
	941	4 M

D 1-fädig sticken. Metallic mit doppeltem Faden sticken.

GB Stitch using 1 strand of embroidery thread. Embroider with double metallic threads.

F A broder avec 1 brin. Métallisé broder avec double fil.

E Bordar con 1 hilo. Bordar el hilo Metallic con doble hebra.

I Ricamare con 2 filo. Filo metallico ricamato con punto doppio.

NL Met 1 draadje splijtgaren borduren. Metallic met dubbele draad borduren.

H Az osztott hímző 1 ágával hímezzünk. Fémszálassal duplán varrjunk.

DESIGN 80059
Wandbehang, Wall hanging, Tenture, Tapiz, Arazzo, Wandtapijt, Fali dísz

20 × 32 CM / 8 × 13 IN

NO. 17582.20.03
✂ 20 × 34 CM / 8 × 14 IN

NO. 95239.00.01

D 2-fädig über 2 Gewebefäden sticken.

GB Stitch over 2 threads, using 2 strands of embroidery thread.

F A broder sur 2 fils de trame, avec 2 brins de mouliné.

E Bordar con 2 hilos sobre 2 hilos de tela.

I Ricamare con 2 fili su 2 fili del tessuto.

NL Met 2 draadjes splijtgaren over 2 weefseldraden borduren.

H A szöveten 2 szál egy keresztöltés, az osztott hímzö 2 ágával hímezzünk.

	002	1 M
	043	3 M
	044	3 M
	052	3 M
	046	2 M
	047	1 M
	184	3 M
	185	4 M
	186	5 M
	220	1 M
	187	3 M
	188	3 M

DESIGN 80061
Wandbehang, Wall hanging, Tenture, Tapiz, Arazzo, Wandtapijt, Fali dísz

20 × 38 CM / 8 × 15 IN

NO. 17582.20.04
✂ 20 × 40 CM / 8 × 16 IN

NO. 95239.00.01

D 2-fädig über 2 Gewebefäden sticken.

GB Stitch over 2 threads, using 2 strands of embroidery thread.

F A broder sur 2 fils de trame, avec 2 brins de mouliné.

E Bordar con 2 hilos sobre 2 hilos de tela.

I Ricamare con 2 fili su 2 fili del tessuto.

NL Met 2 draadjes splijtgaren over 2 weefseldraden borduren.

H A szöveten 2 szál egy keresztöltés, az osztott hímzö 2 ágával hímezzünk.

018	3 M
235	2 M
020	2 M
021	2 M
212	2 M
211	4 M
185	4 M
186	7 M
187	5 M
188	4 M
022	2 M
281	2 M

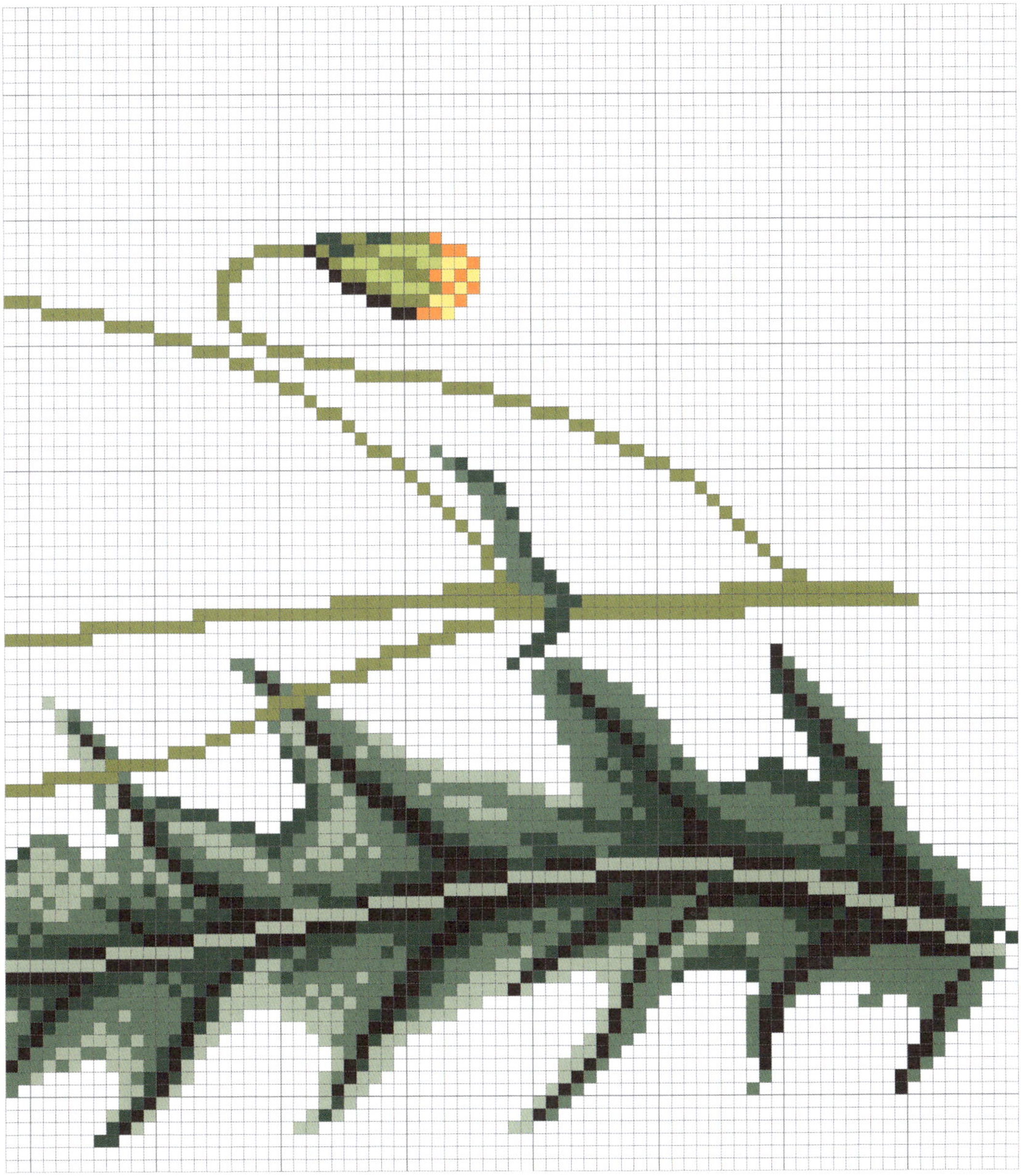

DESIGN 80049
Wandbehang, Wall hanging, Tenture, Tapiz, Arazzo, Wandtapijt, Fali dísz

20 × 43 CM / 8 × 17 IN

NO. 17582.20.04
✂ 20 × 45 CM / 8 × 18 IN

NO. 95239.00.01

D 2-fädig über 2 Gewebefäden sticken. Metallic mit ganzem Faden sticken. *Konturen 1-fädig sticken.

GB Stitch over 2 threads, using 2 strands of embroidery thread. Stitch using whole metallic thread. *Outlines stitch using 1 strand of embroidery thread.

F A broder sur 2 fils de trame, avec 2 brins de mouliné. Métallisé broder avec fil complet. *Contours a broder avec 1 brin.

E Bordar con 2 hilos sobre 2 hilos de tela. Metallic, bordar con todo el hilo. *Contornos bordar con 1 hilo.

I Ricamare con 2 fili su 2 fili del tessuto. Metallico ricamare con filo intero. *Contorni ricamare con 1 filo.

NL Met 2 draadjes splijtgaren over 2 weefseldraden borduren. Metallic met de hele draad borduren. *Omlijningen met 1 draadje splijtgaren borduren.

H A szöveten 2 szál egy keresztöltés, az osztott hímzö 2 ágával hímezzünk. Fémes egész szállal hímezze. *Kontúrok az osztott hímző 1 ágával hímezzünk.

	051	4 M
	034	4 M
	053	3 M
	213	2 M
	184	2 M
	185	3 M
	186	3 M
*	188	4 M
Metallic		
	921	3 M

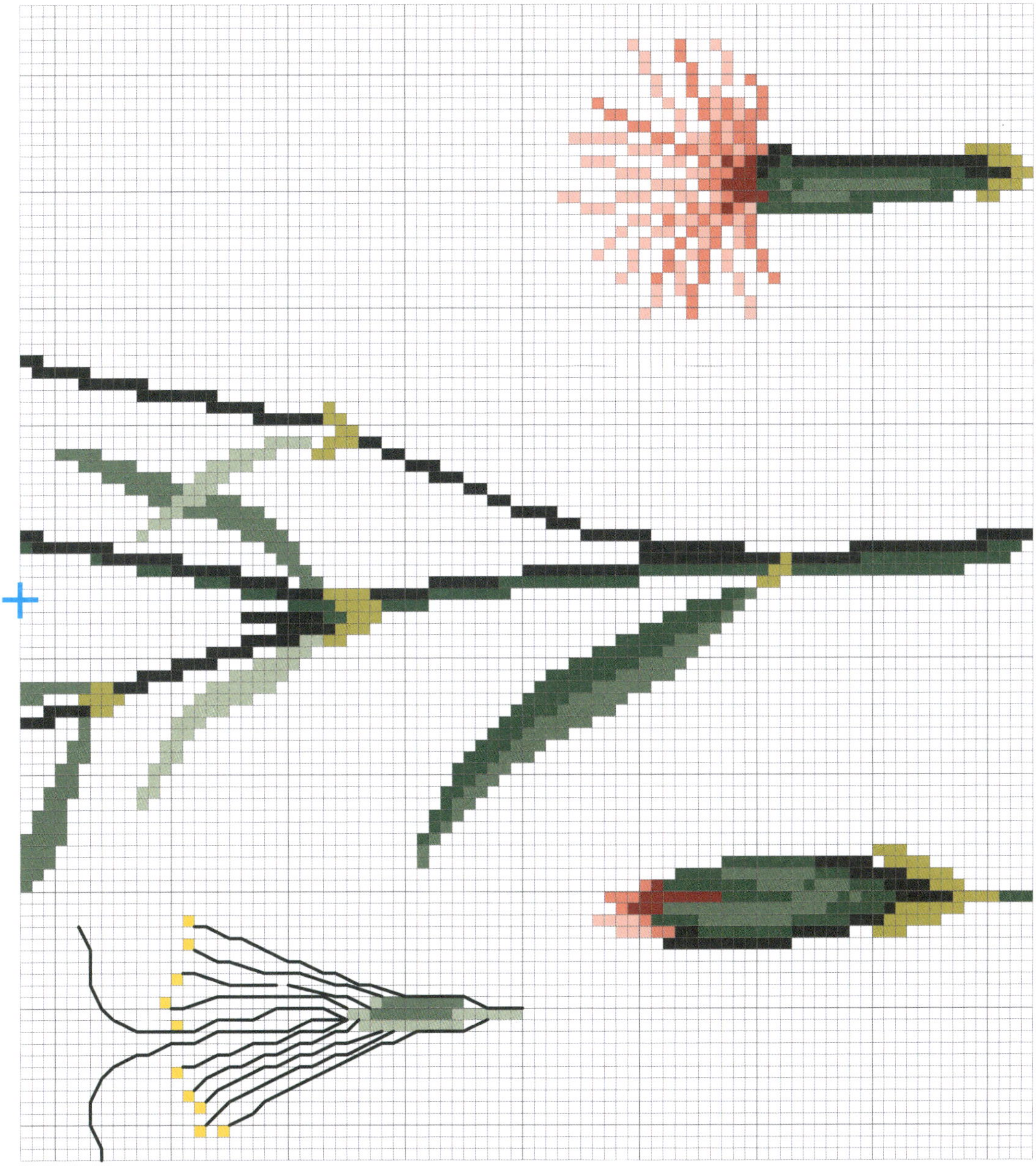

DESIGN 80051
Tischdecke, Tablecloth, Nappe, Mantelito, Tovaglia, Tafellaken, Asztalterítő

90 × 90 CM / 35 × 35 IN

NO. 16258.50.21

D 2-fädig sticken. Metallic mit ganzem Faden sticken. *Konturen 1-fädig sticken.

GB Stitch using 2 strands of embroidery thread. Stitch using whole metallic thread. *Outlines stitch using 1 strand of embroidery thread.

F A broder avec 2 brins. Métallisé broder avec fil complet. *Contours a broder avec 1 brin.

E Bordar con 2 hilos. Metallic, bordar con todo el hilo. *Contornos bordar con 1 hilo.

I Ricamare con 2 fili. Metallico ricamare con filo intero. *Contorni ricamare con 1 filo.

NL Met 2 draadjes splijtgaren borduren. Metallic met de hele draad borduren. *Omlijningen met 1 draadje splijtgaren borduren.

H Az osztott hímző 2 ágával hímezzünk. Fémes egész szállal hímezze. *Kontúrok az osztott hímző 1 ágával hímezzünk.

	002	4 m
	235	3 m
	014	3 m
	246	4 M
	262	5 m
	264	11 m
	265	5 m
	034	7 m
	217	7 m
	220	9 m
	215	7 m
	186	4 m
	228	4 m
	283	3 m
*	282	7 m
Metallic		
	921	8 m

DESIGN 80045

Tischband, Table band, Ruban de table, Cinta de mesa, Nastro di tavolo, Tafelband, Hosszú napron

29 × 155 CM / 11 × 61 IN

NO. 16239.50.18

D 2-fädig sticken. Metallic mit ganzem Faden sticken.

GB Stitch using 2 strands of embroidery thread. Stitch using whole metallic thread.

F A broder avec 2 brins. Métallisé broder avec fil complet.

E Bordar con 2 hilos. Metallic, bordar con todo el hilo.

I Ricamare con 2 fili. Metallico ricamare con filo intero.

NL Met 2 draadjes splijtgaren borduren. Metallic met de hele draad borduren.

H Az osztott hímző 2 ágával hímezzünk. Fémes egész szállal hímezze.

	265	3 M
	041	4 M
	185	3 M
	183	9 M
	188	4 M
	285	22 M
	282	2 M
Metallic	944	28 M

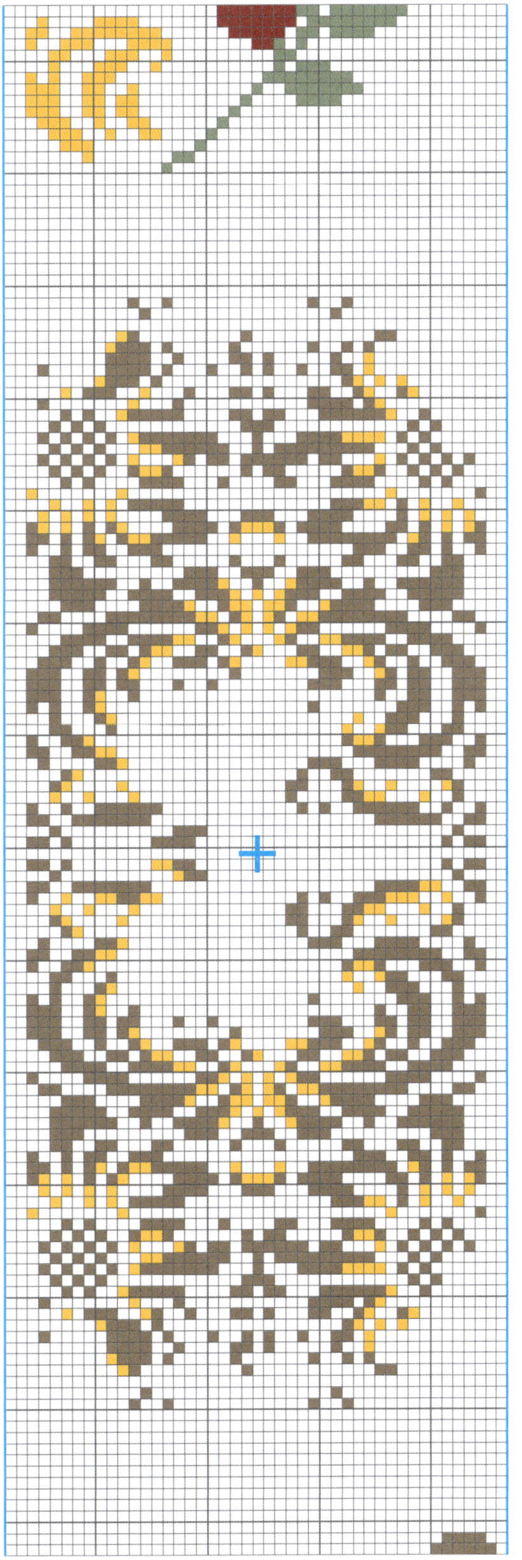

DESIGN 80043
Wandbehang, Wall hanging, Tenture, Tapiz, Arazzo, Wandtapijt, Fali dísz

20 × 32 CM / 8 × 13 IN

NO. 17582.20.03
✂ 20 × 34 CM / 8 × 14 IN

NO. 95239.00.01

D 2-fädig über 2 Gewebefäden sticken. Metallic mit ganzem Faden sticken.

GB Stitch over 2 threads, using 2 strands of embroidery thread. Stitch using whole metallic thread.

F A broder sur 2 fils de trame, avec 2 brins de mouliné. Métallisé, broder avec fil complet.

E Bordar con 2 hilos sobre 2 hilos de tela. Metallic, bordar con todo el hilo.

I Ricamare con 2 fili su 2 fili del tessuto. Metallico ricamare con filo intero.

NL Met 2 draadjes splijtgaren over 2 weefseldraden borduren. Metallic met de hele draad borduren.

H A szöveten 2 szál egy keresztöltés, az osztott hímzö 2 ágával hímezzünk. Fémes egész szállal hímezze.

	002	2 M
	235	2 M
	246	2 M
	262	3 M
	264	3 M
	265	1 M
	217	3 M
	220	3 M
	215	3 M
	283	2 M
	034	2 M
*	282	3 M
Metallic	921	4 M

Rose

DESIGN 80045

Tischdecke, Tablecloth, Nappe, Mantelito, Tovaglia, Tafellaken, Asztalterítő

90 × 90 CM / 35 × 35 IN

NO. 16239.50.21

D 2-fädig sticken. Metallic mit ganzem Faden sticken. Zählmuster fortlaufend sticken.

GB Stitch using 2 strands of embroidery thread. Stitch using whole metallic thread. Continue stitching in pattern.

F A broder avec 2 brins. Métallisé broder avec fil complet. Continuer à broder le diagramme.

E Bordar con 2 hilos. Metallic, bordar con todo el hilo. Bordar siguiendo la muestra del patrón de bordado.

I Ricamare con 2 fili. Metallico ricamare con filo intero. Continuare a ricamare seguendo il modello.

NL Met 2 draadjes splijtgaren borduren. Metallic met de hele draad borduren. Telpatroon doorlopend borduren.

H Az osztott hímző 2 ágával hímezzünk. Fémes egész szállal hímezze. A leszámolható mintát folytatólagosan hímezzük.

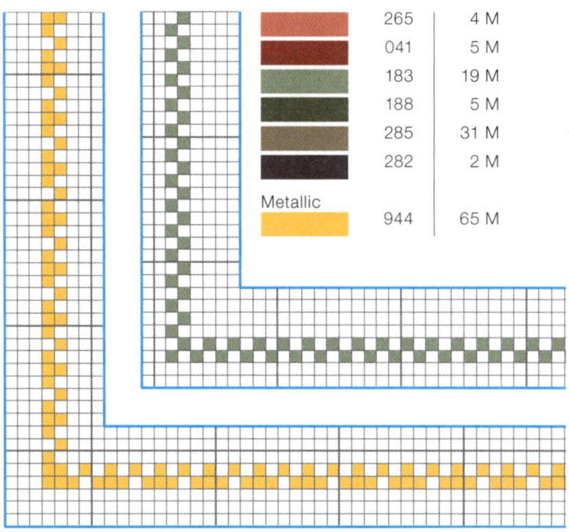

	265	4 M
	041	5 M
	183	19 M
	188	5 M
	285	31 M
	282	2 M
Metallic	944	65 M

DESIGN 80042
Wandbehang, Wall hanging, Tenture, Tapiz, Arazzo, Wandtapijt, Fali dísz

20 × 38 CM / 8 × 16 IN

NO. 17582.20.03
✂ 20 × 40 CM / 8 × 16 IN

NO. 95239.00.01

D 2-fädig über 2 Gewebefäden sticken. Metallic mit ganzem Faden sticken.

GB Stitch over 2 threads, using 2 strands of embroidery thread. Stitch using whole metallic thread.

F A broder sur 2 fils de trame, avec 2 brins de mouliné. Métallisé, broder avec fil complet.

E Bordar con 2 hilos sobre 2 hilos de tela. Metallic, bordar con todo el hilo.

I Ricamare con 2 fili su 2 fili del tessuto. Metallico ricamare con filo intero.

NL Met 2 draadjes splijtgaren over 2 weefseldraden borduren. Metallic met de hele draad borduren.

H A szöveten 2 szál egy keresztöltés, az osztott hímzö 2 ágával hímezzünk. Fémes egész szállal hímezze.

252	2 M	185	3 M
264	3 M	186	4 M
265	1 M	188	3 M
094	1 M	228	1 M
208	3 M	296	4 M
212	2 M	Metallic	
220	2 M	921	14 M

DESIGN 80040
Bild, Picture, Tableau, Cuadro, Quadro, Beeld, Kép

13 × 21 CM / 5 × 8 IN

NO. 17469.15.97
✂ 28 × 30 CM / 11 × 12 IN

NO. 95238.00.00

D 1-fädig sticken. Metallic mit ganzem Faden sticken.

GB Stitch using 1 strand of embroidery thread. Stitch using whole metallic thread.

F A broder avec 1 brin. Métallisé broder avec fil complet.

E Bordar con 1 hilo. Metallic, bordar con todo el hilo.

I Ricamare con 2 filo. Metallico ricamare con filo intero.

NL Met 1 draadje splijtgaren borduren. Metallic met de hele draad borduren.

H Az osztott hímző 1 ágával hímezzünk. Fémes egész szállal hímezze.

	185	2 M
	186	3 M
	196	3 M
	188	3 M
	231	2 M
	228	2 M
	282	1 M
Metallic	941	4 M

DESIGN 80048
Tischdecke, Tablecloth, Nappe, Mantelito, Tovaglia, Tafellaken, Asztalterítő

90 × 90 CM / 35 × 35 IN

NO. 16238.50.21

D 2-fädig sticken. Metallic mit ganzem Faden sticken. Zählmuster fortlaufend sticken.

GB Stitch using 2 strands of embroidery thread. Stitch using whole metallic thread. Continue stitching in pattern.

F A broder avec 2 brins. Métallisé broder avec fil complet. Continuer à broder le diagramme.

E Bordar con 2 hilos. Metallic, bordar con todo el hilo. Bordar siguiendo la muestra del patrón de bordado.

I Ricamare con 2 fili. Metallico ricamare con filo intero. Continuare a ricamare seguendo il modello.

NL Met 2 draadjes splijtgaren borduren. Metallic met de hele draad borduren. Telpatroon doorlopend borduren.

H Az osztott hímző 2 ágával hímezzünk. Fémes egész szállal hímezze. A leszámolható mintát folytatólagosan hímezzük.

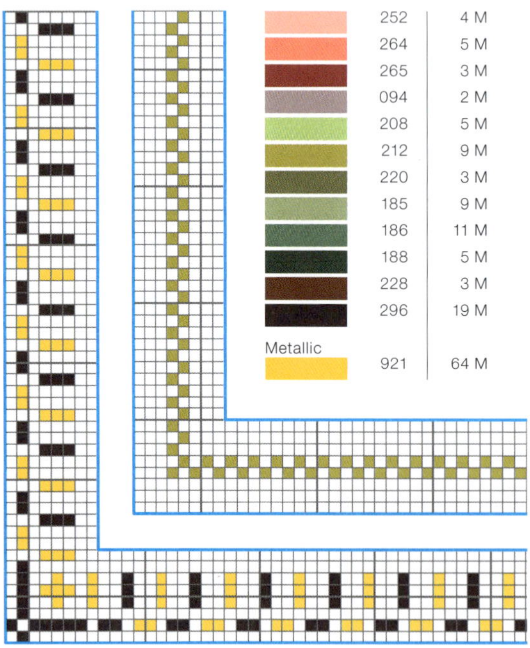

252	4 M
264	5 M
265	3 M
094	2 M
208	5 M
212	9 M
220	3 M
185	9 M
186	11 M
188	5 M
228	3 M
296	19 M
Metallic 921	64 M

DESIGN 80046
Tischdecke, Tablecloth, Nappe, Mantelito, Tovaglia, Tafellaken, Asztalterítő

90 × 90 CM / 35 × 35 IN

NO. 16248.50.21

D 2-fädig sticken.

GB Stitch using 2 strands of embroidery thread.

F A broder avec 2 brins.

E Bordar con 2 hilos.

I Ricamare con 2 fili.

NL Met 2 draadjes splijtgaren borduren.

H Az osztott hímző 2 ágával hímezzünk.

252	3 M
262	3 M
264	5 M
265	4 M
041	5 M
184	5 M
185	12 M
186	12 M
215	12 M
197	15 M
216	5 M
218	7 M
210	11 M
220	7 M
229	3 M
282	2 M

DESIGN 80046
Tischband, Table band, Ruban de table, Cinta de mesa, Nastro di tavolo, Tafelband, Hosszú napron

29 × 155 CM / 11 × 61 IN

NO. 16248.50.18

D 2-fädig sticken.

GB Stitch using 2 strands of embroidery thread.

F A broder avec 2 brins.

E Bordar con 2 hilos.

I Ricamare con 2 fili.

NL Met 2 draadjes splijtgaren borduren.

H Az osztott hímző 2 ágával hímezzünk.

252	3 M
262	3 M
264	5 M
265	4 M
041	4 M
184	5 M
185	11 M
186	8 M
215	8 M
197	12 M
216	4 M
218	5 M
210	11 M
220	5 M
229	2 M
282	1 M

Farbkarte

COLOR CARD / CARTE DE COLORIS / CARTA DE COLORES
CAMPIONARIO DEI COLORI / KLEURKAART / SZÍNKÁRTYA

RICO DESIGN

NO. 2011

001	038	075	112	149	186	223	260
002	039	076	113	150	187	224	261
003	040	077	114	151	188	225	262
004	041	078	115	152	189	226	263
005	042	079	116	153	190	227	264
006	043	080	117	154	191	228	265
007	044	081	118	155	192	229	266
008	045	082	119	156	193	230	267
009	046	083	120	157	194	231	268
010	047	084	121	158	195	232	269
011	048	085	122	159	196	233	270
012	049	086	123	160	197	234	271
013	050	087	124	161	198	235	272
014	051	088	125	162	199	236	273
015	052	089	126	163	200	237	274
016	053	090	127	164	201	238	275
017	054	091	128	165	202	239	276
018	055	092	129	166	203	240	277
019	056	093	130	167	204	241	278
020	057	094	131	168	205	242	279
021	058	095	132	169	206	243	280
022	059	096	133	170	207	244	281
023	060	097	134	171	208	245	282
024	061	098	135	172	209	246	283
025	062	099	136	173	210	247	284
026	063	100	137	174	211	248	285
027	064	101	138	175	212	249	286
028	065	102	139	176	213	250	287
029	066	103	140	177	214	251	288
030	067	104	141	178	215	252	289
031	068	105	142	179	216	253	290
032	069	106	143	180	217	254	291
033	070	107	144	181	218	255	292
034	071	108	145	182	219	256	293
035	072	109	146	183	220	257	294
036	073	110	147	184	221	258	295
037	074	111	148	185	222	259	296

NO. 2011.001 - 296
2 G / 8 M / 9 YD
100% Baumwolle, cotton, coton
algodón, cotone, katoen, pamut
210 dtex × 2 × 6

CONFIDENCE IN TEXTILES
Tested for harmful substances
according to Oeko-Tex® Standard 100
95.0.4919 Hohenstein

METALLIC

NO. 2011
NO. 20

921
922

55% metallisiertes Polyester/metallised polyester/polyester métallic/poliéster metalizado/poliestere metallizzato/gemetalliseerd polyester/fémmel bevont poliészter

45% Polyamid/polyamide/poliamida/poliammide/poliamid

NO. 2011
NO. 40

941
942
943

70% Polyamid/polyamide/poliamida/poliammide/poliamid

30% metallisiertes Polyester/Metallised polyester/Polyester métallic/Poliéster metalizado/Poliestere metallizzato/Gemetalliseerd polyester/Fémmel bevont poliészter.

NO. 2011
NO. 04

944
945
946

60% Viskose/viscose viscosa/viszkóz.

40% Polyamid/polyamide/poliamida/poliammide/poliamid

NEON
NO. 2011

948
949
950
951

100% Polyester poliéster/poliestere poliészter.

××

D Bitte beachten Sie, daß die abgebildeten Farben lediglich Richtwerte sind. Geringe Farbabweichungen im Druck können technisch bedingt nicht immer ausgeschlossen werden. Aus drucktechnischen Gründen ist eine 100%ige Reproduktion der Originalfarben nicht möglich. Alle Firmen- und Produktnamen sind Warenzeichen der entsprechenden Firmen und dienen lediglich der Zuordnung der Kompatibilitäten.

GB Please note: This printed color card is a guide only, and accuracy of thread color is as close as printing and photography allows. For printing reasons a 100% reproduction
of the original colours is not possible. All brands and product names are the trademarks of the company and serve the purpose of classification and compatibility.

F Veuillez noter que les couleurs illustrées ne sont que des élements d'évaluation. Pour des raisons techniques, il n'est pas toujours possible, lors de l'impression des couleurs, d'exclure de légères différences de nuances. Pour des raisons d'impression technique il n'est pas possible de réproduire les couleurs originales à 100%. Tous les noms d´entreprises et de produit sont des marques déposées des entreprises correspondantes et servent uniquement à l'attribution des compatibilités.

E Tenga en cuenta que los colores mostrados sólo son indicativos. Pequeñas variaciones de color en la impresión no siempre se pueden prevenir por razones técnicas. Por razones técnicas de impresión no es posible una reproducción al 100% de los colores originales. Todos los nombres de compañías y productos son marcas comerciales de sus respectivas compañías y sólo sirven para la asignación de compatibilidades.

I Attenzione, i colori rappresentati sono puramente indicativi. Piccole differenze di colore sono possibili e sono dovute a motivi tecnici legati alla stampa. Per motivi tecnici legati alla stampa non è possibile una riproduzione dei colori che rispetti al 100% l'originale. Tutti i nomi delle aziende e dei prodotti sono marchi registrati delle rispettive aziende e servono esclusivamente ad individuare le compatibilità.

NL Denk er alstublieft aan, dat de afgebeelde kleuren slechts richtwaarden zijn. Geringe kleurafwijkingen in de druk kunnen op basis van de techniek helaas niet altijd worden uitgesloten. Vanwege druktechnische redenen is een reproductie van de originele kleuren niet voor de volle 100% mogelijk. Alle bedrijfs- en productnamen zijn handelsmerken van de desbetreffende firma's en zijn uitsluitend bedoeld voor het classificeren van de compatibiliteiten.

H Kérjük, vegye figyelembe, hogy az itt bemutatott színek csak irányadóak. A nyomtatásban megjelent csekély mértékű színeltérések technikai okok miatt nem mindig zárhatóak ki. Nyomdatechnikai okok miatt az eredeti színek 100 százalékos reprodukciója nem lehetséges. Az összes cég- és terméknév a megfelelő cég védjegye és csakis a kompatibilitások hozzárendeléséhez szolgál.

Material

160 CM × 5 M / 63 IN × 5,5 YD
NO. 17469.15.97

Zählstoff Aida 7,2 St. / 1 cm 100% Baumwolle
Even-weave fabric aida 18 ct. 100% cotton
Toile à broder aida 7,2 pt. 1 cm 100% coton
Panamá aida 7,2 puntos 1 cm 100% algodón
Tessuto aida 7,2 pt 1 cm 100% cotone
Telstof aida 7,2 steken 1 cm 100% katoen
Hímzővászon aida 7,2 öltés 1 cm 100% pamut
Made in Germany

20 CM × 5 M / 8 IN × 5,4 YD
NO. 17582.20.04

20 CM × 5 M / 8 IN × 5,4 YD
NO. 17582.20.14

20 CM × 5 M / 8 IN × 5,4 YD
NO. 17582.20.44

20 CM × 5 M / 8 IN × 5,4 YD
NO. 17582.20.03

Leinenband 11-fädig 100% Leinen
Linen band 28 count 100% linen
Bande en lin 11 fils 100% lin
Cinta de lino 11 hilos 100% lino
Rilegatura in tela 11 fili 100% lino
Linnen band 11 draadjes 100% linnen
Vászon szalag 11 hímző 100% len

Tischdecke
Tablecloth
Nappe
Mantel
Coperta
Deken
Takaró
90 × 90 CM / 35 × 35 IN
NO. 16238.50.21

55% Baumwolle, 45% Leinen
55% cotton, 45% linen
55% coton, 45% lin
55% algodón, 45% lino
55% cotone, 45% lino
55% katoen, 45% linnen
55% pamut, 45% len

5 Stiche per 1 CM
14 count
5 points 1 CM
5 puntos 1 CM
5 punti 1 CM
5 steken 1 CM
5 öltés 1 CM
Made in Germany

Tischdecke
Tablecloth
Nappe
Mantel
Coperta
Deken
Takaró
90 × 90 CM / 35 × 35 IN
NO. 16258.50.21

65% Polyester, 35% BW
65% polyester, 35% cotton
65% polyester, 35% coton
65% poliéster, 35% algodón
65% poliestere, 35% cotone
65% polyester, 35% katoen
65% poliészter, 35% pamut

5 Stiche per 1 CM
14 count
5 points 1 CM
5 puntos 1 CM
5 punti 1 CM
5 steken 1 CM
5 öltés 1 CM

MATERIALS / LISTE DES MATÉRIAUX / INDICACIONES RELATIVAS A LOS MATERIALESI / MATERIALI / MATERIAALIJST SZÜKSÉGES ANYAGOK

×××

Tischdecke	Tischband	5 Stiche per 1 CM
Tablecloth	Table band	14 count
Nappe	Ruban de table	5 points 1 CM
Mantel	Cinta de mesa	5 puntos 1 CM
Coperta	Nastro di tavolo	5 punti 1 CM
Deken	Tafelband	5 steken 1 CM
Takaró	Hosszú napron	5 öltés 1 CM
90 × 90 CM / 35 × 35 IN	29 × 155 cm / 11 × 61 in	**Made in Germany**
NO. 16248.50.21	No. 16248.50.18	

50% Baumwolle, cotton, coton, algodón, cotone, katoen, pamut
50% Polyester, poliéster, poliestere, poliészter

Tischdecke	Tischband	5 Stiche per 1 CM
Tablecloth	Table band	14 count
Nappe	Ruban de table	5 points 1 CM
Mantel	Cinta de mesa	5 puntos 1 CM
Coperta	Nastro di tavolo	5 punti 1 CM
Deken	Tafelband	5 steken 1 CM
Takaró	Hosszú napron	5 öltés 1 CM
90 × 90 CM / 35 × 35 IN	29 × 155 CM / 11 × 61 IN	**Made in Germany**
NO. 16239.50.21	NO. 16239.50.18	

55% Baumwolle, cotton, coton, algodón, cotone, katoen, pamut
45% Leinen, linen, lin, lino, linnen, len

Tischband	55% Baumwolle, 45% Leinen	5 Stiche per 1 CM
Table band	55% cotton, 45% linen	14 count
Ruban de table	55% coton, 45% lin	5 points 1 CM
Cinta de mesa	55% algodón, 45% lino	5 puntos 1 CM
Nastro di tavolo	55% cotone, 45% lino	5 punti 1 CM
Tafelband	55% katoen, 45% linnen	5 steken 1 CM
Hosszú napron	55% pamut, 45% len	5 öltés 1 CM
57 × 150 CM / 22 × 59 IN		**Made in Germany**
NO. 16196.50.18		

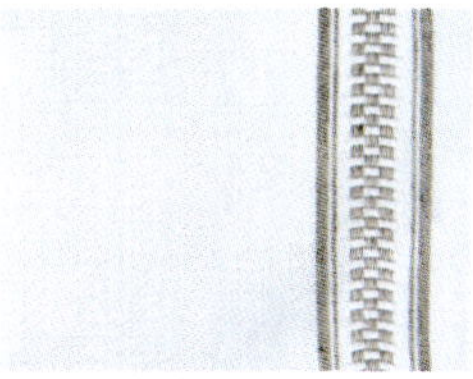

Geschirrtuch	55% Baumwolle, 45% Leinen	3,7 Stiche per 1 CM
Tea towel	55% cotton, 45% linen	9 count
Torchon	55% coton, 45% lin	3,7 points 1 CM
Paño de cocina	55% algodón, 45% lino	3,7 puntos 1 CM
Canovaccio	55% cotone, 45% lino	3,7 punti 1 CM
Keukendoek	55% katoen, 45% linnen	3,7 steken 1 CM
Konyharuha	55% pamut, 45% len	3,7 öltés 1 CM
50 × 75 CM / 20 × 30 IN		**Made in Germany**
NO. 16169.50.62		

Geschirrtuch	55% Baumwolle, 45% Leinen	3,7 Stiche per 1 CM
Tea towel	55% cotton, 45% linen	9 count
Torchon	55% coton, 45% lin	3,7 points 1 CM
Paño de cocina	55% algodón, 45% lino	3,7 puntos 1 CM
Canovaccio	55% cotone, 45% lino	3,7 punti 1 CM
Keukendoek	55% katoen, 45% linnen	3,7 steken 1 CM
Konyharuha	55% pamut, 45% len	3,7 öltés 1 CM
50 × 75 CM / 20 × 30 IN		**Made in Germany**
NO. 16170.50.62		

Material

MATERIALS / LISTE DES MATÉRIAUX / INDICACIONES / RELATIVAS A LOS MATERIALESI MATERIALI / MATERIAALIJST / SZÜKSÉGES ANYAGOK

Geschirrtuch
Tea towel
Torchon
Paño de cocina
Canovaccio
Keukendoek
Konyharuha
50 × 75 CM / 20 × 30 IN
NO. 16256.50.62

3,6 Stiche per 1 CM
9 count
3,6 points 1 CM
3,6 puntos 1 CM
3,6 punti 1 CM
3,6 steken 1 CM
3,6 öltés 1 CM

100% Baumwolle
100% cotton
100% coton
100% algodón
100% cotone
100% katoen
100% pamut
Made in Germany

Geschirrtuch
Tea towel
Torchon
Paño de cocina
Canovaccio
Keukendoek
Konyharuha
50 × 75 CM / 20 × 30 IN
NO. 16263.50.62

3,6 Stiche per 1 CM
9 count
3,6 points 1 CM
3,6 puntos 1 CM
3,6 punti 1 CM
3,6 steken 1 CM
3,6 öltés 1 CM

100% Baumwolle
100% cotton
100% coton
100% algodón
100% cotone
100% katoen
100% pamut
Made in Germany

Ø 15,5 CM / Ø 6 IN
NO. 95218.00.00

13 × 21 CM / 5 × 8 IN
NO. 95238.00.00

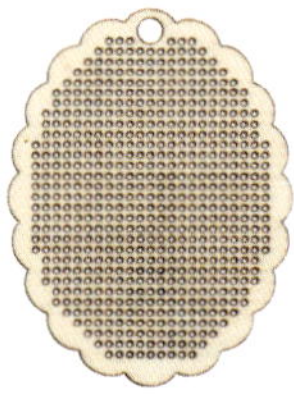

6 × 8 CM / 2 × 3 IN
NO. 03532.00.00

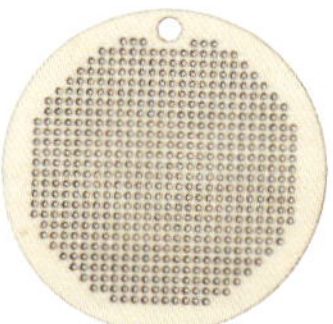

Ø 7 CM / Ø 3 IN
NO. 03531.00.00

20 CM / 8 IN
NO. 95239.00.01

NO. 80040.54.00

NO. 80042.54.00

NO. 80057.52.62

NO. 80046.52.18

NO. 80046.52.21

NO. 80048.52.21

NO. 80054.52.21